AF365772

9 786144 423103

هَدِيَّةٌ
مِن أَجْلِك
تأليف: أحمد العبّاسي
رسم: دانية الخطيب

«تُرى ماذا تَكون الهَدِيَّة؟». فَقالَ لَهُ «سَريع»: «لا أَعْرِف، أَعْطاني الفَأْرُ هَذِهِ الهَدِيَّةَ أَمْس لِأَنَّني ساعَدْتُهُ في بَعْضِ الأَشْغال، وقَرَّرْتُ إِعْطاءَكَ إِيّاها لِأَنَّكَ صَديقي، وأُفَضِّلُكَ عَلى نَفْسي».

قابَلَ الأرْنَبُ «سَريع» صَديقَهُ «سُلْحوف» بِابْتِسامَةٍ وَهُوَ يُقَدِّمُ إِلَيْهِ هَدِيَّةً.

فَرِحَ «سُلْحوف» بِالهَدِيَّةِ لِلْغايَة، وَشَكَرَ «سَريع» وَسَأَلَهُ:

شَكَرَ «سُلْحوف» «سَريع» عَلى شُعورِهِ الرّائِع، لَكِنَّهُ اقْتَرَحَ أنْ يُقَدِّمَها إلى صَديقِهِما «لَوز» حَتّى يُسْعِدا قَلْبَه، فَهُوَ يُحِبُّ الهَدايا فَأجابَهُ «سَريع» أنَّ الهَدِيَّةَ أصْبَحَتْ مُلْكَه، ومِنْ حَقِّهِ أنْ يَتَصَرَّفَ بِها كَما يُريد.

فَرِحَ «سُلْحوف» وانْطَلَقَ مَعَ «سَريع» لِيَزورا «لَوز» بَعْدما لَفَّ «سُلْحوف» الهَدِيَّةَ بِوَرَقٍ مُلَوَّنٍ يُحِبُّهُ «لَوز».

رَحَّبَ «لَوْز» بِصَديقَيْهِ اللَّذَيْنِ ما إنْ جَلَسا، حَتّى قَدَّمَ «سُلْحوف» الهَدِيَّةَ إلى «لَوْز». قَفَزَ «لَوْز» فَرِحًا بِالهَدِيَّة، وقال: «إِنَّها تَبْدو رائِعَةً، أنا مُتَشَوِّقٌ إلى مَعْرِفَةِ ما في داخِلِها!».

رَدَّ «سُلْحوف» و«سَريع»: «ونَحْنُ أَيْضًا»..!

دُهِشَ «لَوْز» وسَأَلَهُما: «كَيْف؟!».

حَكى الصَّديقان لِـ «لَوْز» قِصَّةَ الهَدِيَّة، فَأَدْمَعَتْ عَيْناهُ تَأَثُّرًا بِما فَعَلَهُ صَديقاهُ مِنْ أجْلِه، وقال: «إذًا، لَقَدْ فَضَّلْتُماني عَلى

نَفْسَيْكِما. يا لَكُما مِنْ صَديقَيْنِ رائِعَيْنْ!
لَكِنَّني سَمِعْتُ أنَّ صَديقَنا الصَّقْرَ «حَوّام» مَريضٌ،
ما رَأْيُكُما أنْ نَزورَهُ ونُعْطِيَهُ الهَدِيَّة؟!».

«فِكْرَةٌ رائِعَةٌ!»، قالَ «سَريع» و«سُلْحوف» مَعًا.
رَحَّبَ «حَوّام» بِأَصْدِقائِه، وقَدْ بَدا عَلَيْهِ المَرَض.
لَكِنَّ هَذا لَمْ يَمْنَعْهُ مِنْ شُكْرِهِم عَلى الهَدِيّةِ الَّتي

قَدَّموها إِلَيْهِ، مُتَمَنّينَ لَهُ الشِّفاء.

ابْتَسَمَ «سَريع» وقال: «أخيرًا، سَنَعْرِفُ ما هِيَ هَذِهِ الْهَدِيَّةُ الْغامِضَة!».

دُهِشَ «حَوّام» أيْضًا، واقْتَرَحَ بِدَوْرِهِ إهْداءَ الْهَدِيَّةِ لِلْأَسَدِ الطَّيِّب، فَلَقَدْ زارَهُ أمْس وأحْضَرَ لَهُ الدَّواءَ أيْضًا.

رَدَّ الكُلّ: «فِكْرَةٌ جَيِّدَةٌ!».

وجاءَ الأَسَدُ لِزِيارَةِ «حَوّام»

فَوَجَدَ الهَدِيَّةَ في انْتِظارِه.

قالَ الأَسَدُ بَعْدَما سَمِعَ قِصَّةَ الهَدِيَّة: «فَضَّلَني كُلُّ

واحِدٍ مِنْكُم عَلى نَفْسِه. يا لَكُم مِنْ أَصْدِقاءَ رائِعين!

إنَّما اسْمَحوا لي أنْ أُعْطِيَها لِلضَّبع».

دُهِشَ الأَصْدِقاءُ مِنْ اخْتِيارِ الأَسَدِ لِلضَّبع، فَالكُلُّ يَعْرِفُ أَنَّهُ شِرِّيرٌ. لَكِنَّ الأَسَد، قال: «لَقَدْ شاهَدْتُ الضَّبعَ أَمسِ قُرْبَ بَيْتِكَ يا سَريع، وحينَما سَأَلْتُهُ عَمّا يَفْعَلُهُ هُناك،

أخْبَرَني أنَّهُ يَحْرُسُكَ مِنَ الثَّعْلَب».

اسْتَدْعى الأسَدُ الضَّبْعَ عَلى عَجَلٍ، وقَدَّمَ إِلَيْهِ الهَدِيَّةَ بِاسْمِ الأَصْدِقاءِ جَميعًا.

فَرِحَ الضَّبْعُ كَثيرًا، وفَتَحَ الهَدِيَّةَ عَلى الفَوْر، فانْفَجَرَتْ في وَجْهِهِ!

صَرَخَ الضَّبُعُ وهُوَ يَتَأَلَّمُ: «مَنْ أَحْضَرَ هَذِهِ الهَدِيَّة؟ لَقَدْ كَانَتْ فَخًّا صَنَعْتُهُ لِسَرِيعٍ وأَرْسَلْتُها إِلَيْهِ مَعَ الفَأْرِ».

ضَحِكَ الكُلُّ كَثِيرًا، وقَالَ الأَسَدُ لِلضَّبُعِ: «أَلا تَعْلَمُ أَيُّها الضَّبُعُ أَنَّ مَنْ حَفَرَ حُفْرَةً لِأَخِيهِ وَقَعَ فِيها؟».

رَحَلَ الضَّبُعُ خَائِبًا، بَيْنَما جَلَسَ الأَصْدِقَاءُ يَتَنَاوَلُونَ